바나나 먹는데 걸리는 시간 3분만 투자해 볼래?
한 주제에 글을 읽고 답하는데도 3분이면 충분!

_____ 에게

나를 돌보는 3분
바나나책

글 하수정 · 그림 하예진

마음경작소

들어가기

넌, 상담은 부담스럽지만
내 마음은 왜 이러는지 알고 싶은 적 없어?
책 또는 긴 글은 읽기 싫지만
마음 돌봄 방법을 배우고 싶은 적은?

그래서 준비했어.
심심할 때, 아무데나 펼쳐서 읽고 질문에 답해 봐.
3분이면 충분 :)

잠깐! 이 워크북을 펼치기 전, 3가지 자세가 필요해

 호기심 안경을 써 봐.

호기심 안경을 쓰고, 세상을 처음 보는 것처럼 내 마음을 들여다 봐.

 어떤 감정이든 모두 경험하기로 약속해 줘.

어떤 감정이든 감정을 억압하거나 피하지 않고 있는 그대로 받아들여 봐.

 나를 다정하게 대해 줘.

싫어하거나 고통스러운 나의 모습을 거부하거나 바꾸려고 애쓰지 않아야 돼. 대신, 다정함과 친절함으로 나를 대해 줘.

목차

1. 감정에 대한 나의 생각을 점검하기 ········· 10
2. 호흡에 집중해 볼래? ········· 12
3. 몸 배터리가 몇 칸이야? ········· 16
4. 우울할 땐, 몸을 움직여 봐 ········· 20
5. 걱정거리의 95%는 쓸데없는 것? ········· 24
6. 감정에 이름을 붙이고 길들여 봐 ········· 28
7. 걱정 풍선을 하늘에 날려 봐 ········· 30

8. 내가 싫어질 때, 자애 연습을 해 봐 ········· 32

9. 싫어하는 사람에게 자비 연습을 해 봐 ········· 34

10. 놓치는 것의 두려움 FOMO ········· 36

11. 놓치는 것의 즐거움 JOMO ········· 38

12. 마음의 소리, 환청 ········· 40

13. SNS 사용 규칙을 정해 봐 ········· 44

14. 수치심, 어떻게 건강하게 다루지? ········· 48

목차 🍌

15. 분노 식히기 호흡법을 배워 볼래? ·········· 50

16. 가면 우울이라고 들어봤니? ·········· 52

17. 감정이 나에게 하는 말, 들어 볼래? ·········· 56

18. 감정이 필요로 하는 것, 찾아 볼래? ·········· 58

19. 친구가 만나자고 하면 좋지만 부담스러워 ···· 62

20. 감사가 좋은 이유 알려 줄게 ·········· 64

21. 질투심을 느끼는 나 유치해 ·········· 68

22. 너는 어떤 분노 유형? 72

23. 도망치는 행동 '회피' 76

24. 스트레스는 나쁜 것일까? 78

25. 스트레스를 받으면 어떻게 행동해? 82

26. 스트레스를 막을 순 없지만 풀 순 있어 86

27. 넌, 무엇에 호기심을 두고 있어? 90

28. 참자기(True Self)의 10가지 능력 92

29. 친구한테 하듯 나를 토닥여줘 96

1. 감정에 대한 나의 생각을 점검하기

질문에 답하기 ▼

☐ 화가 나지만 겉으로는 '괜찮아'라고 말한다.

☐ 마음이 속상할 때, 빨리 벗어나려고 애쓴다.

☐ 때로는 내가 느끼는 감정이 낯설고 혼란스럽다.

☐ 내키지 않는 부탁이라도 거절하지 못한다.

☐ 내 기분이 상하더라도 상대방의 기분을 맞추려고 노력한다.

☐ 우울이나 불안을 느낀다는 건 내가 나약하기 때문이다.

☐ 감정을 드러내지 않는 것이 관계에 더 좋다고 생각한다.

- **2개 이하**

    감정 표현에 **솔직한** 편임.

- **3-4개**

    감정 표현을 **조심스러워**함.

- **5개 이상**

    감정을 **숨기는 것을 더 선호**함.

넌, 몇 개에 체크했어? ▼

　　　　개

감정 표현에 　　　　　 한 편이야.

　　　　예) 솔직한

감정 표현이 두려운 이유는 뭐야?

2. 호흡에 집중해 볼래?

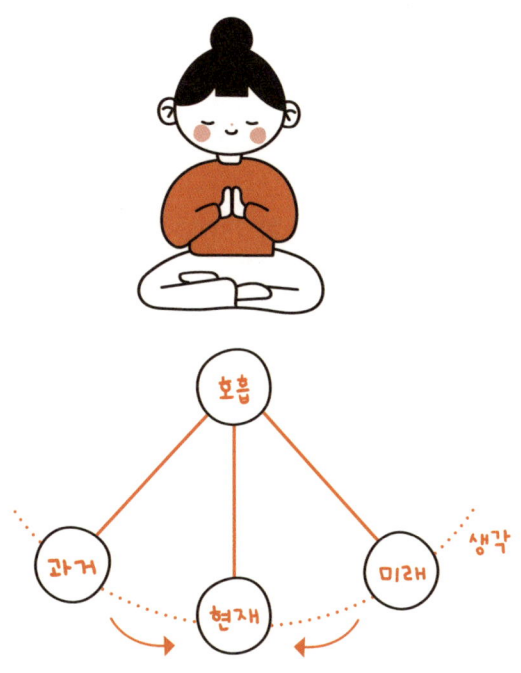

마음이 불안하거나 힘들 때,
나의 주의를 **호흡**으로 가져와 봐.
호흡에 주의를 두면 **마음이 차분해져**.

먼저, 현재의 마음 상태를 체크해 봐 ▼

① 긴장 : ☐ 전혀 ☐ 보통 ☐ 매우
② 동요(안절부절) : ☐전혀 ☐ 보통 ☐ 매우
③ 흥분 : ☐ 전혀 ☐ 보통 ☐ 매우

다음을 따라 해 봐 ▼

① 편한 자세로 앉아 봐.
② 눈을 감고 코 끝에서 느껴지는 공기를 느껴 봐.
③ 코로 천천히 숨을 들이마시고 천천히 숨을 내쉬어 봐.
④ 숨을 들이마실 때는 몸이 천천히 부풀어 오르는 걸 느끼고 숨을 내쉴 때는 몸이 천천히 꺼지는 것을 느껴 봐.
⑤ 3분 정도 호흡에 주의를 두고 들숨과 날숨에 따라 달라지는 몸의 감각을 느껴 봐.

호흡 후, 마음 상태를 다시 체크해 봐 ▼

① 긴장 : ☐ 전혀 ☐ 보통 ☐ 매우
② 동요(안절부절) : ☐전혀 ☐ 보통 ☐ 매우
③ 흥분 : ☐ 전혀 ☐ 보통 ☐ 매우

호흡하면 왜 마음이 평온해질까? ▼

• **여기저기 방황하는 마음을 현재에 머물도록 도와줘.**

　호흡은 과거와 미래로 방황하는 나의 마음을 지금 여기로 돌아오도록 잡아주는 중심추의 역할을 해.

• **과도한 감정을 덜어내고 마음을 차분하게 만들어.**

　호흡에 집중하면 지나치게 흥분한 마음이 점차 안정을 찾아가며, 몸과 마음이 평온해져.

• **긴장이 풀리면서 피로 해소에 도움을 줘.**

　특히, 심호흡은 부교감신경계를 활성화시켜 긴장된 몸을 풀어 주고 스트레스 호르몬(코티솔)의 수치를 낮춰.

호흡을 하는 동안, 너의 느낌을 간단히 적어 봐 ▼

마음이 가라앉고 있어.

3. 몸 배터리가 몇 칸이야?

알고 있니?

   식사나 수면과 같은 생활 습관이 기분에도 영향을 미친다는 사실 말이야. 어젯밤에 잠을 설쳤거나 지금 배가 고픈 상태라면, 나도 모르게 예민해질 거야.
   신체의 컨디션에 따라 기분이 변할 뿐만 아니라 내가 감당할 수 있는 스트레스의 양도 달라져.
   지금부터 신체의 컨디션을 '몸 배터리'라고 해보자.

다음 질문을 체크해 볼래? ▼

나는 최근 3일 동안

☐ 잠이 부족하거나 너무 많이 잤다.

☐ 자주 깨거나 악몽을 꾸었다.

☐ 식사를 거르거나 많이 먹었다.

☐ 맵고 짜고 단 음식을 많이 먹었다.

☐ 에너지 드링크, 커피, 술, 담배를 평소보다 많이 섭취하였다.

☐ 스마트폰을 평소보다 많이 사용하였다.

☐ 집에만 있거나 아무도 만나지 않았다.

☐ 가벼운 산책 또는 운동을 하지 않았다.

체크한 항목의 갯수는?   개

☐ 풀 충전 (0개)   ☐ 2칸 (4개)

☐ 4칸 (1~2개)   ☐ 1칸 (5개~6개)

☐ 3칸 (3개)   ☐ 방전 (7개 이상)

- **배터리가 4칸 이상이면?**

  스트레스를 겪더라도 빨리 회복해.

- **배터리가 3칸이라면?**

  스트레스가 생기더라도 그럭저럭 견디지만, 피로가 쌓이기 시작해.

- **배터리가 2칸 이하면?**

  사소한 일에도 쉽게 짜증이 나며 주의 집중이 흐트러질 수 있어.

신체 활력이 떨어지면 어떤 영향이 나타날까?
직접 체크해 봐 ▼

- 쉽게 피로해지고 사소한 일에 짜증이 난다.

  ☐ 전혀 ☐ 조금 ☐ 매우

- 등교, 강의(출근) 시간에 맞춰 출석하는 것이 힘들다.

  ☐ 전혀 ☐ 조금 ☐ 매우

- 해야 할 과제(일)의 마감 기한을 지키는 게 어렵다.

  ☐ 전혀 ☐ 조금 ☐ 매우

- 가족 또는 친구와 사소한 말다툼이 잦다.

  ☐ 전혀 ☐ 조금 ☐ 매우

- 만사가 귀찮고 기분이 저조하다.

  ☐ 전혀 ☐ 조금 ☐ 매우

배터리를 충전하는 너만의 방법은 뭐야? ▼

4. 우울할 땐, 몸을 움직여 봐

우울은 지나친 비교 때문

   우울한 감정은 때때로 자신을 다른 사람과 비교하거나 너무 높은 목표를 세우는 경우에 나타날 수 있어. 예를 들어, 다른 사람이랑 외모나 성과를 비교하거나, 자신이 설정한 높은 목표를 달성하려고 노력하지만 기대에 못 미칠 때 우울해질 수 있어.

　그러나 때로는 특별한 이유 없이 기분이 우울해질 수도 있어. 예를 들어 몸이 아프거나 날씨가 안 좋은 날에도 기분이 우울해 질 수 있어.
　우울할 때, 사람들은 몸이 축 처지거나 무거워져 움직이기 힘들다고 해. 하지만, 심리학 이론에서는 활동 부족이 역으로 우울감을 증폭시킨다고 해.

반대로 몸을 움직이면 활력이 생겨나!

우울감을 떨쳐버리는 가장 간단한 방법은 조금씩 몸을 움직이는 거야. 활동을 늘리면서 우울을 낮추는 심리 치료 기법을 '행동 활성화'치료라고 해.

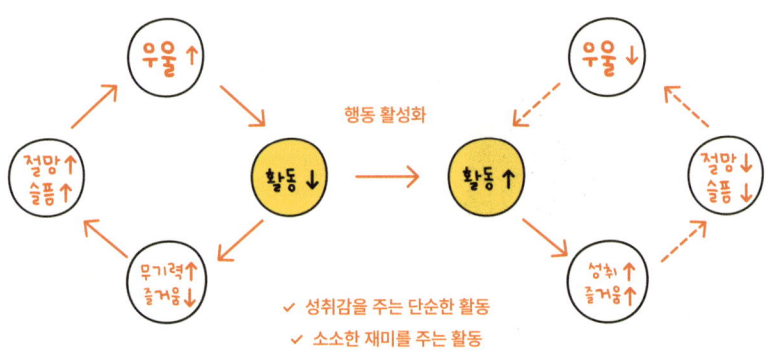

행동 활성화(Behavioral Activation)

어떤 활동이 도움이 되냐고?
활력을 북돋는 활동이면 OK!

- 일어나자마자 이불을 정리하기
- 노트북을 들고 카페 가기
- 자전거 타기
- 필요한 물건을 마트에 가서 사 오기
- 동네 한 바퀴를 걷고 오기

넌, 어떤 활동을 해 볼 거야? ▼

위의 활동이 활력을 높이는데 어느 정도로 도움이 돼? ▼

☐ 전혀 ☐ 조금 ☐ 보통 ☐ 매우

그 활동은 무엇을 높여줘? ▼

☐ 성취감 ☐ 재미

5. 걱정거리의 95%는 쓸데없는 것?

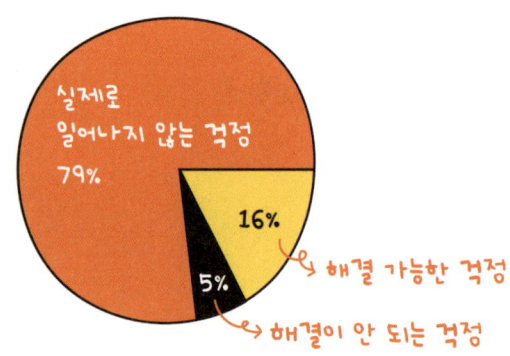

　불안은 어떤 위험이나 문제가 일어날 가능성이 있을 때, 조심하라고 보내는 내적 경고야. 하지만 이러한 불안은 종종 실제로 발생할 위험이 매우 낮은데도 나타날 수 있어.
　한 연구에 따르면, 걱정거리의 79%가 실제로 일어나지 않는 일이며, 그중 16%는 미리 준비하고 대처할 수 있는 일로 나타났대. 즉, 어떻게 할 수 없는 걱정거리는 단 5%뿐이래. 하지만 이 5%마저도 사람의 힘으로 막을 수 없는 걱정거리로 걱정해 봤자 어찌할 수 없는 것이라는 거야 (T.D.Borkovec, H.Hazlett-Stevens, M.L.Diaz, 1999).

위험한 일이 없는데도 쉽게 불안해진다고?

이는 우리의 뇌가 목숨을 우선시하는 생존 본능 때문이야. 뇌는 실제 상황이 위험한지를 충분히 고려하지 않은 채, 과거 경험을 바탕으로 미래의 위험을 예측하기에 우리는 쉽게 불안에 휩싸일 수 있어.

그러니까 불안할 때, 나의 걱정거리가 현실적인지 체크해 봐야 해.

체크 해 봐 ▼

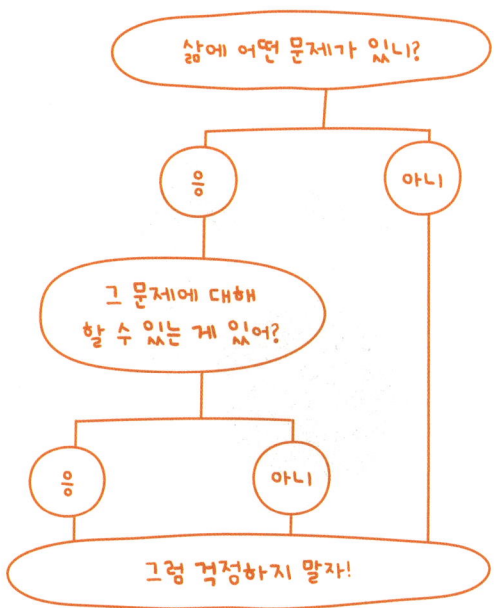

너만의 걱정거리는 무엇이야?

그 일이 일어날 확률은?   %

그 일을 위해 할 수 있는 일은?

**잊지 말자. 걱정거리의 95%는
쓸데없는 걱정이라는 거.**

6. 감정에 이름을 붙이고 길들여 봐

고통스러운 감정, 생각이 찾아올 때 이렇게 해 봐 ▼

① 몸의 신호 파악하기: 몸에서 느껴지는 감각을 알아차려 봐.

> 예) 뒤통수가 뻐근해, 속이 울렁거리네!

② 감정에 이름 붙이기: 지금 느껴지는 감정에 이름을 붙여 봐.

> 예) 나는 지금 짜증나고 속상한 기분을 느껴.

③ 생각을 알아차리기: 지금 떠오르는 생각에 이름을 붙이기.

> 예) '왜 매번 나만 참아야만 하지?' 라는 생각을 하고 있구나!

④ 느낌에 충분히 머무르기: 양손을 가슴에 얹고 따듯한 기운을 보내며

> 예) 나는 지금 속상하고 억울하구나!

⑤ 나를 돌보는 행동을 실천하기

> 예) 달달한 코코아 한 잔 마셔볼까?

너도 해 봐 ▼

몸에서 무엇이 느껴지지?

지금, 어떤 기분이지?

지금, 무슨 생각을 하지?

어떻게 이 감정을 돌보지?

7. 걱정 풍선을 하늘에 날려 봐

너의 걱정거리는 무엇이야? ▼

- 내가 주로 하는 걱정은 _____ 이다.
- 어이없게도 내가 두려워하는 것은 _____ 이다.
- 지금 나를 괴롭히는 생각은 _____ 이다.

걱정거리를 풍선에 실어 차례대로 날려 보내는 상상을 해 봐 ▼

① 눈을 감는다.
② 풍선을 상상한다.
③ 풍선에 걱정을 힘껏 불어 넣는다.
④ 풍선을 하늘로 날려 보낸다.
⑤ 풍선이 하늘 높이 둥둥 떠가는 모습을 떠올린다.
⑥ 풍선이 사라질 때까지 바라본다.
⑦ 눈을 뜨고 살짝 미소 짓는다.

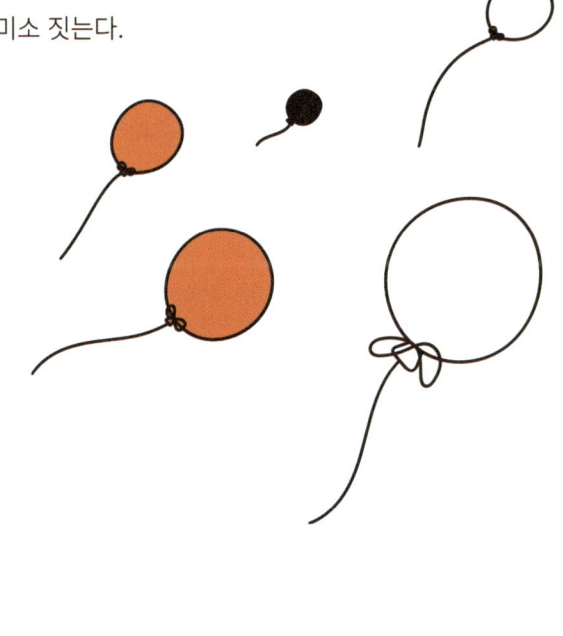

8. 내가 싫어질 때, 자애 연습을 해 봐

 자애란 나를 귀하게 여기며 사랑하는 마음을 가득 담아 나를 친절하게 돌보는 거야. 다른 용어로는 자기 친절(loving-kindness), 자기 연민(self-compassion)으로도 불러. 나의 실수나 부족한 면에 대해 질책과 비난으로 반응하는 대신, 나의 고통을 아기처럼 감싸 안으며 친절하게 돌봐주는 것을 말해.

한번 해 볼까? ▼

① 눈을 감아 봐.
② 가슴에 양손을 얹은 후, 따듯한 기운을 나에게 보낸다고 상상해 봐.
③ 호흡에 집중하며 3번 심호흡을 해 봐.
④ 아래 문장을 속으로 3번씩 되뇌어 봐.
  · 나는 이 고통을 염려합니다.
  · 나는 이 고통으로부터 평온해지길 바랍니다.
  · 나는 내가 행복해지기를 바랍니다.
⑤ 살짝 미소를 지은 후, 눈을 떠 봐.

나에게 다정한 말을 건네 봐 ▼

9. 싫어하는 사람에게 자비 연습을 해 봐

자비가 무엇이냐고?

    자비란 다른 사람들의 고통을 보고 그들이 고통에서 벗어나 진정으로 행복해지기를 바라는 마음이야. 자비심은 우리 모두가 완벽하지 않은 존재로 취약한 부분을 가지고 있다는 사실을 받아들일 때 자연스럽게 나타나는 감정이야.

그 애도 나처럼 행복했으면 해.

너를 괴롭히는 그 사람은 누구야? ▶

너의 괴로움은 어느 정도야? ▼

☐ 전혀 ☐ 조금 ☐ 매우

그 사람을 떠올리며 따라 해 봐 ▼

① 눈을 감아 봐.
② 가슴에 양손을 얹은 후, 따뜻한 기운을 그 사람에게 보낸다고 상상해 봐.
③ 잠시 호흡에 집중하며 3번 심호흡을 해 봐.
④ 아래 문장을 속으로 3번씩 되뇌어 봐.
 • 나와 똑같이 이 사람도 자기 삶에서 행복을 찾고 있어.
 • 나와 똑같이 이 사람도 자기 삶에서 고난을 피해보려 애쓰고 있어.
 • 나와 똑같이 이 사람도 슬픔과 외로움과 절망을 겪어 우리가 겪는 고통을 알고 있어.
 • 나와 똑같이 이 사람도 자기의 욕구를 충족시키려할 뿐이야.
⑤ 살짝 미소를 지은 후, 눈을 떠 봐.

지금 너의 괴로움은 어느 정도야? ▼

☐ 전혀 ☐ 조금 ☐ 매우

10. 놓치는 것의 두려움 FOMO

 혹시 하루에도 수십 번 틈이 날 때마다, 친구들의 인스타그램에 들러 새로운 소식을 체크하고 있니? 또는 요즘 뜨는 트렌드나 새로운 소식을 수시로 확인하는 편이니? 그렇다면 넌 FOMO 증후군*을 겪고 있을 수 있어.

* FOMO(Fear of Missing Out) : 무언가를 놓치거나 세상의 흐름에서 자신만 소외되는 것 같아 두려움을 느끼는 것. 특징은 요즘 사람들이 하는 활동을 따라하며 계속해서 세상과 연결되고 싶어 하고 자신을 빼고 다른 사람들이 좋은 시간을 보낼까 봐 두려워함(Przybylski et al., 2013).

다음 행동을 살펴볼래? ▼

∴ 위 질문은 FOMO를 측정하는 정확한 척도는 아니므로 재미로 체크해 봐.

- ☐ 친구의 소식을 놓치지 않으려고 친구의 소셜미디어를 수시로 확인한다.
- ☐ 유행하는 물건은 일단 사고 본다.
- ☐ 피로를 느끼더라도 모임에 참석하는 것이 마음이 편하다.
- ☐ 여행, 맛집 등 핫플레이스에 가면 소셜미디어에 인증샷을 남기고 공유한다.
- ☐ 주말이나 휴일에도 인간관계를 위해 SNS를 끊지 못한다.
- ☐ 여러 명이 대화할 때 내가 모르는 주제가 있으면 불안하다.
- ☐ 대화에 참여하려고 사람들이 좋아하는 인기 콘텐츠를 내 취향과 상관없이 본다.
- ☐ 나 빼고 친구들이 즐거운 시간을 보낸 사진을 보면 불쾌하다.

너는 몇 개 체크했어? ▶   개

너는 어느 정도의 FOMO를 느끼는 것 같아? ▼

☐ 전혀 (1개 이하)　☐ 조금 (2~3개)　☐ 상당히 (4개 이상)

11. 놓치는 것의 즐거움 JOMO

앞서 FOMO(Fear of Missing Out)가 '놓치는 것의 두려움'이라면, JOMO(Joy of Missing Out)는 반대로 '놓치는 것의 즐거움'을 의미해. 요즘 사람들은 SNS를 통해 수많은 사람들과 연결되고, 언제든지 대화를 나눌 수 있지만 쉽게 소외감을 느끼고 불안해져. 그럴 때는 오히려 SNS를 차단하고 오롯이 혼자만의 시간을 즐겨 봐.

....

넌, 혼자만의 시간을 어느 정도 즐기고 있어? ▼

☐ 전혀 ☐ 조금 ☐ 자주

혼자서 할 수 있는 활동은 무엇이야? ▼

아래 예시를 보고 작성해도 좋아!

1. _____
2. _____
3. _____

혼자 할 수 있는 행동 목록 ▼

- 책 읽기
- 피아노/기타 연주하기
- 명상하기
- 일기를 쓰거나 짧은 생각을 써보기
- 요리하기
- 노트북을 들고 카페 가기
- 그림 그리기
- 영화 보기

위 활동으로 혼자만의 시간을 온전히 즐긴 후,
내 기분 상태를 기록해 봐 ▼

	혼자만의 활동	활동 후, 나의 기분
예)	혼자 차 마시기	여유로움과 평온함을 느끼고 안정감이 있으며 머리가 맑아지는 기분이다.
1		
2		
3		

12. 마음의 소리, 환청

환청이 뭐냐고?

    환청은 주변에 아무도 없고 아무런 일이 일어나지 않는데도 현실에서 일어나는 것처럼 생생하게 들리는 소리야.

    환청은 자신의 생각에서 나오는 소리지만, 이 소리가 현실에서 들리는 소리로 착각하기에 매우 혼란스러워하거나 고통을 느끼게 만들어.

환청이 어떻게 들리냐고?

- 대개 자신의 생각이나 하고 있는 일을 나와 대화하는 것처럼 들려.
- 나와 관련된 욕을 하거나 어떤 행동을 지시하기도 해.
- 목소리로 속삭일 때도 있고 큰 소리로 말할 때도 있어.

환청이 들릴 때 이렇게 해 볼래? ▼

- 즉시, TV를 켜고 볼륨을 높이기
- 음악을 크게 틀고 듣기
- 닥치는 대로 아무거나 큰 소리로 읽기
- 목소리와 싸우거나 논쟁하지 않기
- 애국가를 부르거나 좋아하는 노래 부르기
- 들리는 목소리를 빠르게 열 번 반복하기

    (빠르게 반복하면 소리가 작아지거나 멈출 수 있어.)

단! 그 목소리에 집중하며 주의 깊게 귀 기울이는 건 피하기

**난 환청이 안 들려서 괜찮다고? 진짜 그럴까?
너만의 환청 경험을 체크해 봐 ▼**

- ☐ (전화가 오지 않는데도 들리는) 휴대폰 벨소리
- ☐ 삐- 이명 소리
- ☐ (주변에 아무도 없는데) 탁탁 두드리는 소리
- ☐ (켜지 않은) 라디오 소리
- ☐ (착각) 내 이름 부르는 소리

**만약, 누군가가 나를 욕하는 환청이 들린다면?
넌 어떤 기분일 것 같아? ▼**

환청에 시달리며 고통 받는 사람의 마음을
이해해 보는 시간이 되었길 바라.

13. SNS 사용 규칙을 정해 봐

   넌 SNS를 볼 때, 너 자신이 어떤 기분을 느끼는지를 알고 있니?
   영국 왕립공중보건학회(RSPH)는 11~25세 청소년 1,500명을 대상으로 SNS를 사용하는 동안 어떤 기분 변화를 겪는지를 연구했어. 10명 중의 7명이 인스타그램은 외모에 대한 고민을 부추기고, 페이스북의 경우는 14~24세 절반 이상이 온라인상의 '따돌림'을 부추긴다고 대답했대(출처 BBC News 코리아).
   또 많은 사람들이, SNS의 여러 사진을 보면 자신이 뒤처진다고 느껴 무능감을 느낀다고 말했어.

SNS 사용 규칙 ▼

넌, SNS를 사용하는 목적이 뭐야?
☐ 소통 ☐ 일상 기록 ☐ 쇼핑 ☐ 시간 때우기

☐ 스트레스 해소 ☐ 기타

넌, SNS를 보는데 어느 만큼의 시간을 보낼 거야?

예) 아침, 저녁으로 각각 30분씩

너만의 SNS 사용 예외 규칙을 정해 봐.
☐ 과제, 독서, 대화 등 다른 일을 할 때는 사용하지 말기.

☐ 질투나 부러움을 느끼게 만드는 계정에 들어가지 않기.

   (@   , @   )

☐ 소외감, 뒤처짐과 같은 감정을 느끼게 하는 계정에 들어가지 않기.

   (@   , @   )

☐ 나만의 규칙 적기   예) 화장실 갈 때 핸드폰 두고 가기

인스타그램 사용 전과 후에 도움 되는 질문 ▼

1. 인스타그램 앱을 클릭하기 전

- 지금, 나의 기분은?　　　　　　　　　(예: 지루함, 무기력)

- 나는 왜, 인스타그램에 들어가려는 거지?

(예: 시간 때우기, 재미를 찾아서)

2. 인스타그램을 보면서

- 나는 무엇을 하고 있지?

(예: 팔로우 수, 좋아요 체크? 내 친구와 나의 인기도 비교?)

3. 인스타그램 앱을 나오면서

- 총 사용 시간은?   (예: 30분)
- 사용 전과 후의 기분과 변화 체크하기

전	후
감정: 예) 지루함	**감정:** 예) 시샘
점수: 예) 3점	**점수:** 예) 5점

4. 사용 전, 후의 기분 변화의 원인은?

(예: 내 인스타에 좋아요 또는 댓글이 안 달려서, 친구들이 나보다 더 인기가 많다고 느껴서)

14. 수치심, 어떻게 건강하게 다루지?

 겉으로는 활발하고 자신감이 넘치지만, 속으로는 실수할까 봐 불안하니? 수치심은 자신의 부족한 점이 남들에게 드러나 창피를 당할까 봐 두려워하는 마음이야. 하지만 때로는 실수를 하지 않아도 수치심을 느낄 수 있어. 나 자신이 무능하다고 느끼거나 부족하다고 느낄 때가 그래. 수치심에서 벗어나는 가장 좋은 방법은 있는 그대로의 나를 사랑하고 받아들이는 거야.

수치심을 느낄 때, 이렇게 해봐 ▼

① 실수와 나 자신을 분리해야 해.
② 다른 사람의 시선을 지나치게 의식하지 말아야 해.
④ 실수는 실수일 뿐, 쿨-하게 받아들이자.
⑤ 나를 아껴주는 믿을 수 있는 사람과 대화하며 소속감을 느껴봐.

최근에 실수한 건 뭐야?
무슨 실수야?

실수로부터 무엇을 배웠어?

15. 분노 식히기 호흡법을 배워 볼래?

분노를 식혀 봐 ▼

① 너의 분노는 몇 점?

 점

예) 5점

② 분노의 점수만큼, 촛불 갯수를 떠올려 봐.
③ 시원한 공기를 입으로 후~~ 불며 초를 끄자.
④ 촛불이 모두 꺼진 모습을 상상하며 살짝 미소를 짓자.

16. 가면 우울이라고 들어봤니?

　가면 우울(masked depression)은 마치 우울감을 감추는 가면을 쓴 것처럼 마음속에 숨어있는 우울감을 인식하지 못하거나 숨기는 걸 말해. 가면 우울은 일상에서 자신에게 주어진 일을 잘 처리하고 성실해 보이지만, 마음속에서는 우울감이 자리 잡고 있어.
　하지만 자신이 우울하다는 것을 알아채지 못하고 두통, 복통, 근육통처럼 스트레스와 관련된 신체 증상을 호소해. 만약, 이유 없이 자주 몸이 아프거나 뭘 해도 재미가 없고 쉽게 피로해진다면, 내가 지금 우울한 건 아닌지를 의심해 보자.

뭘 해도 재미가 없고 쉽게 지친다고?
그럼 다음을 체크해 봐 ▼

가면 우울 의심 증상

- [ ] 두통이나 요통 또는 쿡쿡 쑤심처럼 오래 지속되는 만성 통증
- [ ] 잠들기가 어렵거나 아침에 일어나기가 힘듦
- [ ] 심장의 두근거림 또는 빠른 맥박
- [ ] 쉽게 지치고 피로를 느낌
- [ ] 입맛이 없거나 너무 많이 먹게 됨
- [ ] 잘 체하거나 속이 더부룩해지는 등의 위장 장애가 나타남
- [ ] 집중력이 떨어지거나 기억력이 나빠짐
- [ ] 활력이 저하되고 힘이 없음
- [ ] 사람들을 피하게 되고 혼자 지내려고 함

넌 몇 개나 해당이 돼?　　　　　개

가면 우울증 왜 생기냐고?

**가면 우울증은 다양한 이유로 발생할 수 있어.
다음을 참조하여 너도 체크해 봐 ▼**

- ☐ 지나친 기대에 부응해야 한다고 느낄 때
- ☐ 다른 사람에게 폐를 끼치고 싶지 않아서
- ☐ 타인의 평가와 거절에 대한 두려움
- ☐ 솔직하게 감정을 표현했지만, 거부당한 경험이 많아서
- ☐ 모든 것을 자신의 책임으로 돌리는 성향
- ☐ 자신에 대한 높은 기대 때문
- ☐ 완벽주의적 성향이 있어서
- ☐ 감정을 숨기고 억누르는 습관 때문

혼자만의 시간을 즐기며, '나'에게 집중하기

때로는 바쁜 일상에서 벗어나 혼자만의 시간을 가져 봐. 카페에 가서 차를 마시거나, 한적한 공원을 거닐며 잠시 여유를 즐기는 것도 좋은 방법이야. 혼자만의 시간을 가지면 일, 사람 때문에 오는 스트레스에서 잠시 벗어날 수 있어. 잠시, 세상과 단절하며 혼자만의 시간을 가져 볼래?

넌, 무엇을 할 때 재미를 느꼈어?
3개만 써보자 ▼

1.

2.

3.

17. 감정이 나에게 하는 말, 들어 볼래?

감정은 영어로 'emotion'이야. 이는 'energy'와 'motion'으로 이루어진 합성어로, 움직이게 하는 에너지를 의미해. 즉, 감정은 차를 움직이게 돕는 '바퀴'처럼 우리의 삶을 원하는 방향으로 이끌어줘.

감정은 저마다 무슨 말을 할까? ▼

- **분노** : 네가 옳으니, 직접 문제에 맞서 싸워라.
- **두려움** : 위험하니 빨리 도망가라.
- **불안** : 불길한 일이 일어날 수 있으니 대비해라.
- **놀라움** : 네가 경험해 보지 못한 일이니 잘 봐라.
- **소심** : 신중하게 행동하는 게 좋겠다.
- **예민** : 놓친 게 있을 수 있으니 세심하게 살펴라.
- **역겨움** : 오염될 수 있으니 멀리 피해라.
- **재미** : 네가 좋아하는 일이니 즐겨라.
- **슬픔** : 소중한 것을 잃어버렸으니 위로 받아라.
- **당황** : 예상하지 못한 일이니, 문제를 유연하게 대처해라.
- **피로** : 쉬는 시간을 갖고, 몸과 마음을 편안하게 쉬게 해라.
- **서운** : 솔직하게 이야기하며 마음을 표현해라.

넌 지금, 무엇을 느껴? ▶

그 감정은 너에게 어떻게 행동하라고 말해? ▼

18. 감정이 필요로 하는 것, 찾아 볼래?

　감정은 지금 나에게 무엇이 필요한지를 알려주는 중요한 단서야. 예를 들어, 지금 불안을 느낀다면 무언가 예측 가능하고 안전한 환경이 필요하다는 뜻일거야. 또 슬픔을 느낀다면 위로와 공감이 필요하다는 의미일 수 있어.
　지금부터 불편한 감정이 찾아올 땐 내가 무엇을 필요로 하는지를 살펴보는 건 어때?

감정이 필요로 하는 것 ▼

- **불안** : 예측, 안전, 신뢰
- **분노** : 공정함, 존중, 평등
- **시샘** : 사랑, 존재감, 자신감
- **수치심** : 인정, 능력, 소속감
- **답답함** : 명료함, 소통, 자기표현
- **외로움** : 연결, 소통, 친밀함
- **슬픔** : 위로, 공감, 지지
- **어색한** : 편안함, 소속감
- **피로한** : 휴식, 여유

위 예시는 임의로 정리한 것으로, 내 감정이 무엇을 원하는지는 스스로 생각해 봐야 해.

한 번 해 볼래? ▼

① 잠시 하던 일을 멈추고 편안한 자세로 앉아 봐.
② 코끝에서 느껴지는 공기를 잠시 느껴 봐.
③ 편안한 속도대로 숨을 들이쉬고 내쉬어 봐.
④ 지금 느끼는 감정에 이름을 붙인 후, 이름을 불러줘.

예) 이건, 외로움이야!

⑤ 이름을 붙인 감정을 친구처럼 맞이해.

예) 안녕! 나의 외로움!

⑥ 감정에게 무엇이 필요한지를 물어 봐.

예) OOO아, 넌 지금 무엇을 필요로 해?

⑦ 감정이 뭘 필요로 하는지 추측해서 답해 봐.

예) 난, 함께 이야기 나눌 수 있는 사람을 원해.

⑧ 감정이 필요로 하는 것을 행동으로 계획해 봐.

예) 저녁에 친구 OOO에게 집 앞 카페에서 만나자고 해야지.

⑨ 이제 그 감정을 잠시 옆에 두고, 하던 일을 이어나가면 끝.

다시 요약해 볼까? ▼

내가 불편해 하는 감정의 이름은   이다.

그 감정은 이걸 원한다.

그래서 난 이 감정을 이렇게 돌보기로 했다.

19. 친구가 만나자고 하면 좋지만 부담스러워

친구가 만나자고 하면 좋으면서도 부담스럽다고?
왜 그런지 알고 싶다면? 너의 마음을 살펴 봐.

1. 좋으면서도 부담스러운 그 느낌은 무엇이야? ▼

- 몸   예) 두근거리는, 조마조마한

- 마음   예) 신경 쓰이는, 어색한

2. 친구를 만난다면 무엇이 좋은지 찾아 봐. ▼   예) 재미, 친밀감

3. 친구를 안 만나면 무엇이 좋은지 생각해 봐. ▼   예) 휴식, 돈 절약

4. 2번과 3번의 답변에서 너에게 가장 중요한 욕구를 선택해 봐. ▼

5. 이제 한 문장으로 써보자. ▼

친구를 만나면 좋은 점은 2번   이고

부담스러운 점은 3번   이다.

하지만 나에게 4번   가 중요하다.

그래서 나는 친구와 약속을 (잡는다 / 거절한다).

20. 감사가 좋은 이유 알려 줄게

　많은 심리학 연구에서는 감사를 의도적으로 연습하는 것만으로도 충분히 삶이 더 풍요로워질 수 있다고 해. 감사가 우리에게 어떤 면에서 긍정적인 영향을 미치는지 알려 줄게.

1. 생활에 활력을 높여 줘.

감사한 일을 떠올리는 것만으로도 행복과 관련된 세로토닌, 도파민이 분비되어서 생활에 활력이 생겨나.

2. 소소한 의미를 발견해.

감사를 하는 동안 당연하게만 느꼈던 것들이 특별하게 다가오거나 의미 있게 느껴져.

3. 스트레스로부터 회복을 도와.

감사를 많이 하면 스트레스로부터 회복하는 회복 탄력성*이 높아져.

*회복 탄력성 : 스트레스나 어려움을 겪었을 때 실패하더라도 다시 일어설 수 있는 능력.

감사가 막막하고 어렵게 느껴진다면, 이렇게 해 봐 ▼

- 언제, 어디서 감사를 음미할 것인지 시간과 장소 정하기.

  예) 잠자기 전, 침대에서 5분

- 무엇에 감사함을 느낄 것인지 대상을 선택해.

  ☐ 물건 (예: 나의 손목 보호대)
  ☐ 사람 또는 동물 (예: 친구, 강아지)
  ☐ 경험 (예: 오늘 오페라 본 것)
  ☐ 나 자신 (예: 친구의 이야기를 잘 들어준 나)

- 감사함을 글로 표현해.

  예) 나의 손목 보호대야. 내 손목이 아프지 않게 나를 보호해 주어서 고마워!

- 감사를 천천히 음미해 봐.

  감사를 하면서 느껴지는 몸과 마음의 평온함과 긍정적인 에너지를 충분히 음미하기.

넌? 무엇에 감사해?
몇 개 더 해 보자 ▼

	대상	감사를 표현하기
1		
2		
3		

잘 따라와 줘서 고마워!

21. 질투심을 느끼는 나 유치해

넌, 자주 질투하는 편이니?

가끔 질투하는 나 자신이 유치하게 느껴져서 질투하는 나를 미워한 적 있어? 그렇다면, 질투가 주는 긍정적인 영향력을 한번 생각해 보는 건 어때?

꼭 내가 더 잘해야지!

질투심 무엇에 도움이 될까?

- 질투는 경쟁심을 부추겨 자신의 성장과 발전을 위한 추진력이 될 수 있어.
- 질투는 애정 관계에서 관심을 끄는 행동을 하게 함으로써 결속력을 이끌어.
- 질투가 지나치지 않는다면 자신의 것을 뺏기지 않고 지키는데 도움을 줘.

하지만, 질투심이 너무 크면

상대방을 끌어내리기 위해 파괴적인 행동으로 나타날 수 있어. 이런 행동은 결국 타인을 자신에게서 멀어지게 만들어 스스로를 고립시키기도 하니까, 질투가 지나치지 않도록 조심해야 해.

또 질투는 상대방이 가진 것에 지나친 의미를 둔 채, 내가 가진 것에는 소중함을 못 느껴 마음이 불쾌하고 초조할 수 있어. 그럴 때는 질투라는 감정을 이해하며 내가 무엇을 원하는지를 들여다보자.

질투심이 원하는 것 생각해 보기 ▼

- 친구, 연인 사이

예) 애정(사랑), 소속감, 결속력, 친밀감, 신뢰, 안정

- 경쟁 관계

예) 자신감, 존재감, 인정, 유능감

너의 질투심은 무엇을 원해?
글로 남겨봐 ▼

나는 이러한 상황에서 질투를 느꼈어.

아하! 그 질투심은 이걸 원했구나!

22. 너는 어떤 분노 유형?

너는 분노를 어떻게 표출해? ▼

밖으로 향하는 분노　　안으로 향하는 분노　　수동성을 띠는 분노

- **밖으로 향하는 분노(Outward Aggression)**

　상대방이나 주변 환경에 분노를 직접적으로 표현하는 경우야. 이 유형은 분노의 원인이 자신보다는 외부에 있다고 생각해. 그래서 자칫 공격적인 말을 쏟아내거나 때리기, 물건 부수기처럼 폭력적인 행동으로 나타날 수 있어.

- **안으로 향하는 분노(Inward Aggression)**

　분노심이 드러나지는 않지만, 안으로 쌓여있는 경우야. 즉, 감정을 지나치게 억누르며 참기에 자신에 대한 불만, 자기 비하, 자기혐오로 나타날 수 있어서 자신을 괴롭히는 행동으로 표출될 수 있어.

- **수동성을 띠는 분노(Passive Aggression)**

　이 유형의 분노는 주로 권위적인 상황에서 분노를 자유롭게 표현할 수 없을 때 나타나. 불만을 숨기고 겉으로는 순응하는 것처럼 행동해. 하지만 요청한 것을 하지 않거나 최대한 시간을 끌며 안 들어주거나 골탕을 먹인 후 들어 주는 것으로 분노심을 간접적으로 표현해.

위 3가지 유형 모두는 다음과 같은 문제점이 나타날 수 있어 ▼

- **밖으로 향하는 분노**

  다른 사람에게 상처를 주게 되어 관계가 틀어질 수 있어.

- **안으로 향하는 분노**

  자신을 끊임없이 책망하기에 괴로움이 깊어질 수 있어. 심하면 자해, 자살처럼 위험한 행동을 할 수 있어.

- **수동성을 띠는 분노**

  내가 상대방을 무시하는 것처럼 보이기에 나를 소통이 잘되지 않거나 책임감이 없는 사람으로 여겨 주변 사람들로부터 평판을 잃게 돼.

넌 어떤 분노 유형이야?

나는 　　　　　　　　 유형이야.

이렇게 해 봐 ▼
원하는 것을 부탁의 말로 요청해 봐.

즉, 내가 상대방에게 원하는 것이 무엇인지를 생각해 보고 그것을 부탁의 말로 상대방에게 직접 표현해 보는 거야.

여기서 주의할 점은 상대방의 행동에 초점을 둔 비난적인 말투는 삼가고 내가 원하는 것이 무엇인지, 상대방이 무엇을 해주면 좋은지를 '나-전달법'*으로 표현하는 거야.

* 나-전달법: '나'를 주어로 하여 자신의 생각과 감정을 솔직하게 표현하는 방법

예를 들면

나는 당신이 내 의견에 귀 기울여 주길 바라요.
나는 이 일을 주도적으로 해내고 싶어요.
나는 당신의 협력과 도움이 필요해요.

23. 도망치는 행동 '회피'

회피(Avoidance)란 나를 괴롭히는 상황, 대상으로부터 안전한 거리를 유지하기 위해 멀리 도망가는 행동을 말해.

예를 들어 친구관계가 힘들어 학교를 결석하거나, 평가가 두려워 과제 제출을 미루는 행동이 바로 회피에 해당돼. 회피의 대상은 불안, 수치심과 같은 감정도 포함돼. 고통스러운 감정을 느끼지 않으려고 하는 행동(술 마시기, 자해하기, 게임 종일 하기, 무작정 참기)도 사실은 감정을 피하려는 행동일 수 있어.

고통을 피하고 안전을 취하려는 마음은 누구나 갖는 자연스러운 일이야. 하지만 지나친 회피는 삶으로부터 도망치는 행동일 수 있어.

**회피행동으로 괴로움을 피하고 있다면
아래 사항을 한번 체크해 봐 ▼**

☐ 조그마한 불편함도 피하려고 노력함
☐ 모호한 상황을 견디지 못함
☐ 남의 시선을 지나치게 의식함
☐ 실수하는 것에 대한 두려움을 느낌   개

대신 이렇게 해 봐 ▼

- 남의 시선을 신경 끈다.
- 완벽주의는 개나 소에게 준다.
- 불편함을 참아본다.
- 불확실성을 견디는 힘을 기른다.
- 불편함보다 내가 원하는 것에 집중한다.
- 단순하게 생각한다.
- 실수와 나 자신을 분리한다.
- 회피하려고 하는 순간, 오히려 다가가는 행동을 해버린다.

**마지막으로 나의 회피행동이 어떻게 내 삶과 멀어지게
만드는지를 생각해 봐 ▼**

24. 스트레스는 나쁜 것일까?

스트레스란 무엇일까?

    스트레스란 몸과 마음에 부담을 주는 근심과 걱정거리를 말해. 스트레스라는 용어에는 스트레스원(Stressor)과 스트레스 반응(Response)의 의미를 모두 포함해.

예) '이번 시험은 정말 스트레스야!' ▶ 스트레스원

예) '엄마의 잔소리를 들을 때마다 스트레스를 받는다' ▶ 스트레스 반응

다음과 같은 일들이 스트레스를 줄 수 있어.
예시를 보고 스트레스가 가장 큰 항목 3개만 선택해 봐 ▼

- ☐ 새로운 것을 시작하는 것
- ☐ 사회생활에서 인간관계가 필요할 때
- ☐ 어려운 일을 해내야 할 때
- ☐ 너무 심심할 때
- ☐ 체력이 약하여 남보다 쉽게 지치거나 자주 아플 때
- ☐ 외모 콤플렉스를 느낄 때
- ☐ 소심하고 예민한 성격
- ☐ 어떤 일을 도맡거나 책임을 져야 할 때
- ☐ 계획이나 일정이 자주 변경되는 상황
- ☐ 돈이 없어서 생기는 여러가지 일들
- ☐ 너무 빨리 변화하는 세상

하지만, 스트레스를 받는다고 해서 모두 해로운 것은 아니야.

어떤 스트레스는 성장하고 발전하는데 도움을 줘. 이런 유형의 스트레스를 유스트레스(Eustress)라고 해. 반대로 도움이 되기는 커녕, 정신적, 신체적 고통만 초래하는 스트레스를 디스트레스(Distress)라고 불러.

유익한 스트레스(Eustress)

- 도전적이고 긍정적인 상황에서 나타나.
- 성장과 발전을 촉진하고 새로운 경험을 제공해.
- 목표를 향해 나아갈 수 있도록 동기를 부여해.

해로운 스트레스(Distress)

- 압박감 또는 부담감을 느끼게 하는 상황에서 나타나.
- 우울, 불안, 분노, 슬픔처럼 마음에 근심을 초래해.
- 피로, 불면, 소화 불량처럼 건강을 해칠 수 있어.
- 반복되거나 해결할 수 없는 스트레스인 경우가 많아.

**지금, 나에게 부담을 주는 일이 있다면
간단히 적어봐 ▼**

어떤 종류의 스트레스야?

☐ 유익한 스트레스(Eustress)
☐ 해로운 스트레스(Distress)

그 이유는 뭐야?

25. 스트레스를 받으면 어떻게 행동해?

 스트레스 상황에서, 우리 몸은 세 가지 반응(싸우거나 도망가기 또는 얼어붙기)으로 스트레스를 대처해. 이해하기 쉽게 표로 요약해 봤어.

다음 장을 확인해 봐

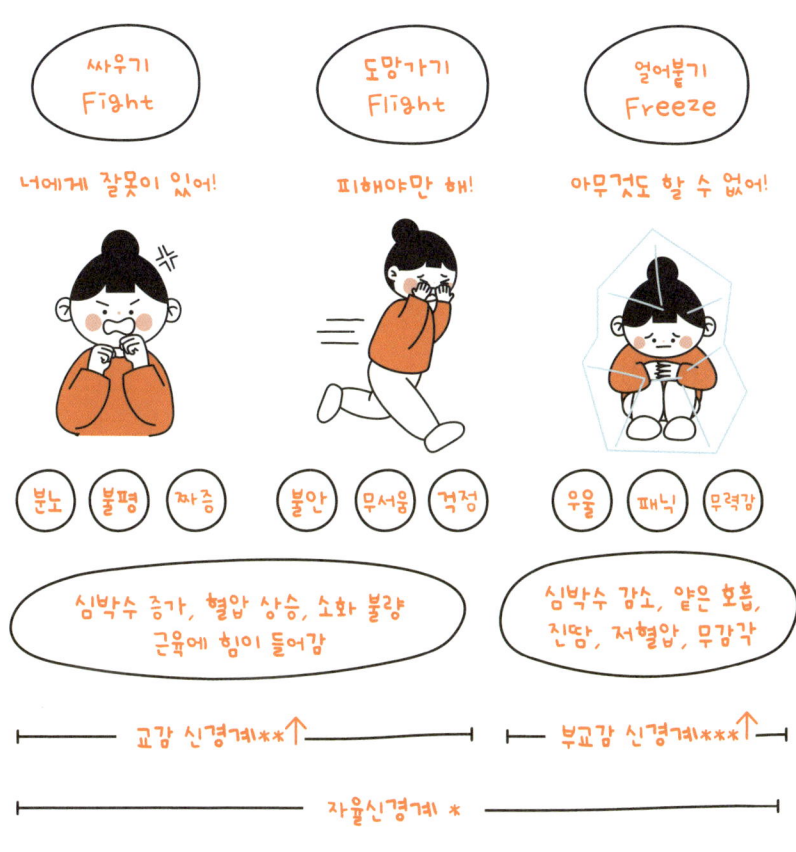

* 자율신경계 : 주로 내장기관의 기능을 조절하는 신경계로, 심박수, 호흡, 소화 및 혈액순환 등의 생리적인 작용을 조절함. 이는 교감신경계와 부교감신경계로 구성됨.
** 교감 신경계 : 몸이 위기에 대응할 수 있도록 심박수와 혈압을 증가시켜 뇌와 근육에 산소와 에너지를 공급함.
*** 부교감신경계 : 몸을 휴식 상태로 되돌려주며, 소화, 수면, 근육 이완을 도와줌. 반면 위협적인 상황에서 몸에 에너지를 차단함.

넌, 스트레스에 주로 어떤 반응을 나타내?

① 최근에 나를 힘들게 했던 일이나 사람을 떠올려 봐.

간단히 기록하기 ▼

② 그 상황에서 어떻게 행동했어?

싸우기
Fight
- ☐ 소리치기, 욕하기, 화내기
- ☐ 때리기, 부수기, 밀치기, 꼬집기
- ☐ 비난하기, 탓하기, 책임 묻기, 따지기
- ☐ 반발하기, 방어하기, 요구하기
- ☐ 힘으로 제압하기, 벌주기   개

도망가기
Flight
- ☐ 상황을 피하기   ☐ 핑계 대기
- ☐ 그 사람을 안 만나기   ☐ 무시하기
- ☐ 요청이나 부탁 안 들어주기   개

얼어붙기
Freeze
- ☐ 순간 얼어붙음   ☐ 아무 생각이 안 남
- ☐ 멍해지며 할 말을 잃어 버림
- ☐ 연락을 차단하고 잠적하기   개

③ 넌, 대체로 어떤 스트레스 반응이야?

☐ 싸움 반응(fight)
☐ 도주 반응(flight)
☐ 얼어붙음 반응(freeze)

④ 위 반응이 스트레스 해소에 도움이 되었어?

☐ 응 ☐ 아니야

⑤ 그 이유는 뭐야?

간단히 기록하기 ▼

26. 스트레스를 막을 순 없지만 풀 순 있어

 스트레스를 푸는 방법은 다양해. 운동을 하거나 맛난 음식을 먹는 것도 좋고, 실컷 자거나 아무것도 하지 않는 것도 좋은 방법이야. 중요한 것은 너에게 도움이 되고 즐거움을 주는 활동이면 모두 괜찮아.

스트레스를 푸는 방법 ▼

- 땀이 날 때까지 운동하기
- 푹 자기
- 재미있는 영화, 드라마, 예능 보기
- 실컷 울기
- 명상하기
- 요가하기
- 아무것도 안 하기
- 자연(강, 바다, 산, 숲)을 느끼며 힐링하기
- 친구를 만나서 수다 떨기
- 취미생활(독서, 그림 그리기, 기타 연주 등)을 하기
- 글쓰기
- 좋아하는 음식을 먹기
- 반려동물이랑 시간을 보내기
- 노래방 가서 실컷 노래를 부르기
- 쇼핑하기
- 자전거 타기
- 음식 만들어 먹기
- 웹툰(웹 소설) 보기

최근에 스트레스를 받았을 때, 너에게 도움이 된 방법은 무엇이야? ▼

위 방법이 어떤 점에서 좋았어? ▼

넌 어떻게 스트레스를 해소해? ▼

번호	스트레스 해소 방법	효과
1		
2		
3		
4		
5		

27. 넌, 무엇에 호기심을 두고 있어?

호기심은 세상을 새롭게 바라보는 마음이야.

호기심은 세상, 주변 사람, 나 자신에게 나타나는 여러 현상들을 궁금증으로 대하는 마음이야. 호기심으로 주변을 둘러보면, 세상을 깊이 이해할 뿐만 아니라, 새롭게 발견하는 여러 요소들 때문에 삶이 흥미롭고 즐거워. 게다가 호기심은 우리에게 에너지를 무한 공급하기에 쉽게 지치지 않은 채 오랫동안 몰입하도록 도움을 줘.

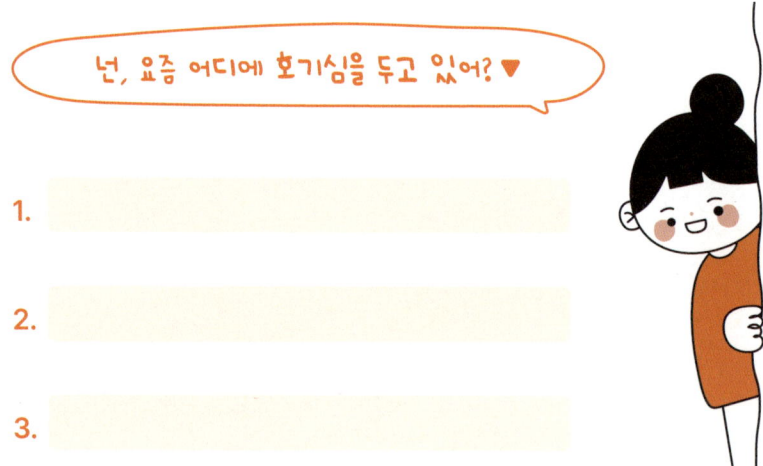

넌, 요즘 어디에 호기심을 두고 있어? ▼

1.
2.
3.

넌, 호기심이 없다고? 그럼 다음을 읽어봐
호기심을 부르는 10가지 방법 ▼

- 열린 마음으로 세상을 새롭게 바라보기
- 평소 잘 가지 않던 다른 길로 다니기
- 새로 나온 음식, 음료 주문하고 맛보기
- 새로운 음악을 듣거나 장르를 바꿔서 들어보기
- 여행을 떠나기
- 안 해 본 행동을 해 보기 (예:혼자 쇼핑하기, 영화 보기 등)
- '왜'라는 질문을 갖고 스스로 답해 보기
- 새로운 취미를 갖거나 기술을 배워 보기
- 다양한 사람들과 이야기 나눠보기 (또는 카페에서 사람 구경하기)

넌, 어떤 행동으로 호기심을 키워볼 거야? ▼

28. 참자기(True Self)의 10가지 능력

넌, 너다운 삶을 살고 있어?
진짜 내가 되면 어떤 능력이 생길까?

참자기의 10가지 능력

1. 폭 넓은 감정을 깊게 경험할 수 있는 능력
2. 적절한 수준의 권리를 기대하는 능력
3. 자기 활성화와 주장의 능력
4. 높은 자존감
5. 고통스러운 감정을 스스로 달랠 수 있는 능력
6. 인생에서 전념할 만한 일을 정하고 매진할 수 있는 능력
7. 창조성
8. 친밀감, 성적 친밀감
9. 혼자 있을 수 있는 능력
10. 자기의 연속성 (동일한 나를 느낄 수 있음)

- James F. Masterson -

넌, 몇 개 해당해? ▶   개

진짜 나다운 삶을 살지 못하는 이유는 뭐야?

☐ 돈 때문에
☐ 시간이 없어서
☐ 능력이 없어서
☐ 주변의 평가 때문에
☐ _____

만약, 돈과 시간이 충분하고 무엇이든지 할 수 있는 능력이 있다면 넌 무엇을 해보고 싶어? ▼

1.
2.
3.

**만약, 실패의 두려움과 주변의 평가가 사라진다면
넌 무엇을 해보고 싶어?** ▼

1.
2.
3.

**마지막으로, 넌 무엇을 할 때 또는 누구와 함께 있을 때
가장 너다워져?** ▼

1.
2.
3.

29. 친구한테 하듯 나를 토닥여줘

너 자신을 친구라고 생각해볼래?
너는 너 자신에게 어떤 말을 해주고 싶어?

이 중에서 골라 봐 ▼

- 오늘도 살아내느라 수고했어.
- 힘들었지만 오늘도 잘 버텨줘서 고마워.
- 모든 슬픔에는 끝이 있을 거야.
- 울어도 괜찮아.
- 어쩌겠냐~ 그들도 살아야지.
- 애쓰지 않아도 돼. 지금으로도 충분해.
- 부족한 나이지만 그래도 사랑해.
- 무너져도 괜찮아. 넌 성장 중이니까.
- 그랬구나~ 토닥 토닥.
- 나의 수고는 내가 알면 되지 뭐.
- 넌 단지 존중받고 싶었을 거야.
- 실수해도 괜찮아.
- 내 안에 무한한 능력이 있다.
- 남을 신경 쓰기 보다 나를 더 사랑하자.
- 미워해도 괜찮아. 내 감정에 솔직하다면,

넌, 너에게 어떤 말을 해주고 싶어? ▼

눈을 뜬 정원이를 찾아봐! (4개)

두송이의 바나나를 찾아봐! (7개)

슬퍼하는 정원이를 찾아봐! (1개)

잘 가!

어때, 유익했어?

 너의 경험을 남기면
추첨하여 선물을 준대!
QR code를 찍고 후기를 남겨 줘(1분 소요).

나를 돌보는 3분
바나나책

초판1쇄 펴낸날	2024년 05월 01일
초판3쇄 펴낸날	2025년 10월 01일

지은이	하수정
그린이	하연주

펴낸곳	마음경작소
출판등록	제2022-000005호
주소	대구시 북구 호암로 51, 310호
전화	053-215-3485
이메일	mind-garden@naver.com
스토어	http://www.mindfarm.shop
인스타그램	@mindcoordinator

ⓒ2025, 마음경작소
ISBN 979-11-987589-0-3

이 책은 저작권법에 따라 보호받는 저작물이므로 무단전재 및 무단복제를 금하며,
이 책 내용의 일부 또는 전부를 이용하려면 반드시 사전에 저작권자의 서면 동의를 받아야 합니다.

• 책값은 뒤표지에 있습니다.
• 파본이나 잘못된 책은 구입한 곳에서 교환해 드립니다.